서쪽의 별

서쪽의 별

이원문 시집

책나무출판사

목차

1부

2부

3부

4부

• 1부 •

겨울 사랑

새하얀 세상
멀어도 이 하얀 길 멀지 않아요
둘만의 발자국이 바라보니까요

새하얀 세상
추워도 둘이는 춥지 않아요
주머니의 두 손이 따뜻 하니까요

망설임의 나
무엇부터 말을 해야 할지요
무슨 말을 해야 할지 모르겠어요

다음 다음 날
이 다음 그날 이야기 해도 되겠지요
못 다한 오늘 이야기 모두 꺼내고 싶어요

양지의 고향

아침 나절 점심 나절
어느 곳이 따뜻 할까
아침 겸 점심 겸
먹은 것 간데 없고
한 끼니의 보리밥
입은 옷 얇아진다

서러움의 그 서러움
몸까지 가려운 몸
무엇이 들어
그리 가려웠던가
손 모자라 긁는 등
막대기 넣어 긁으니
이제 추워 떨리는 몸
찾는 양지 어디인가

쌓아 놓은 짚까리
담 아래 저곳일까
회오리에 훑는 바람
구름 오면 어떻게 하나

바람 막이의 짚까리
그 곳은 후미져도
겨울 내내 따뜻 했다

촌뜨기의 기억

수탉 놀림에 즐겁고
검둥 개와 정들었던 날
무엇을 보고 들었겠나
논과 밭 보이는 산
앞 냇가의 버드나무
구경이라 하면 냇가에 넘치는 물
장마에 그것 밖에 더 있었겠나

듣는 것이라고는
철 따라 우는 뻐꾸기 뜸북새
미루나무 위 까치 짖음
더 무엇이 있었을까
어쩌다 듣는 서울 이야기
가 보고 싶었던 서울이었고

버스 한 번 타 보고 싶었던 날
그 찻삯에 버스를 어떻게 탈까
걸어서 간 장날의 장터
사람 구경에 보는 것마다
그리 신기 했던지 어찌나 신기한지

발 걸음 못 떼고 한참을 구경 했었지

늦을녘에 돌아 오는 길
뒷 산길 들어서며 앉아 쉬었고
집에 오니 표정에 화가 난 할머니
아니나 다를까 뭐 잘못 샀다 늦었다
엄마에게 구박 하는 모습이 너무 미웠지
이런 저런 지난 세월 촌뜨기의 먼 옛날
이 촌뜨기는 그저 산과 들만 보았었다

뽕밭 기슭

눈 내려 하얀 기슭
눈 내리면 언제나
그리 쌓여야 하는지
바람이라도 불면
더 많이 쌓이고

춥기도 추운 기슭
응달녘에 쌓인 저 눈
언제 녹을까
차가운 바람만이
이 추운날의 하얀 기슭

봄이면 꽃 피고
여름날 시원 했었다
찾았던 산 새들의
가녀린 울음도 있었고
뻐꾹새는 안 찾았겠나

이제 추운 이 겨울
누가 찾는 저곳일까

눈 앉힌 찔레꽃 열매
빨간 찔레의 열매
그 봄날 기다린다

그날의 겨울

저녁연기에 서럽고
아랫목에 추웠던 날
입는 것도 먹는 것도
누가 아는 겨울일까

양지 녘에 파란 하늘
구름 한 조각
그 하늘에 명을 빌고
쌓인 눈에 내일을 빌었다

그 세월이 끌고 온
여기의 이 운명
파란 하늘 쌓인 눈이
무엇을 가르쳤나

기우는 듯 기운 세월
날 저무니 해 저무나
뼛 속에 추운 겨울
아직도 허기 진다

그날의 기도

하늘을 보는 마음
무엇을 올리며
하늘에 빌었을까
종교도 없다
보이는 십자가 저것도 아니고
복을 빌고 소원을 빌었다면
파란 하늘의 허공이 보였을까
나도 모를 마음 하늘에 올리니
멀어지는 저 허공
앉은 양지로 다가오고
그 어디로 흘러 가는지
한 조각의 조각 구름
산 너머로 멀어진다

저무는 고독

끝 달력의 그 며칠
또 한 해가 저무는가
거울 속의 그날도
달력의 이 오늘도
무엇을 얻고 얻으려
여기에 와야 했나

날마다 잃고 얻은
고된 몸의 저녁 나절
그렇게 보내야만 했던
일터의 지난 날들인가
나뭇가지의 저 허공이
얼마나 헤아릴까

버리고 잊어도
앞날에 섞이는 날
섞인들 그 앞날이
얼마나 되나
지워질 오는 해
떠나는 해 밀어 낸다

하늘의 송년

하늘을 보는 마음
떠나는 해의 저 하늘이
맑기만 했었을까
비 오는 날에 눈 오는 날
불 번쩍 호령의 천둥 소리도 들렸다

그 짧은 날 잠 재우는
보는 이 마음의 먼 하늘
허공의 그날이 며칠이던가
지난 날 잊을새라 거두는 하늘
쓸쓸히 모두 모아 나뭇가지에 올린다

삼팔선의 송년

그대로 그렇게 얼어 붙을것인가
아니면 녹아 내릴 봄이 올 것인가
춥기도 추운 겨울 쌓이는 눈까지
얼어 붙는 삼팔선 고향 땅이 어디인가
내려 와 못 가고 올라가 못 오고
저무는 이 한 해 삼팔선만 저물겠나

꿈 속 어머니의 고향 꽃 피는 봄
그 마음에 이 늙은 몸 그 봄이 기다릴까
저무는 삼팔선 바라보는 남과 북
내 고향 너의 고향 언제 찾아 그 꽃 볼까
철새에 눈물 나고 구름 위 몸 얹는다
어서 오라 통일이여 통일이여 오라

송년의 양지

앉은 이 양지녘
이곳도 시간 되면
음지가 되겠지
들어 오는 구름
산 너머 멀어질 것이고

찾아온 양지녘
저 구름이 가리면
얼마쯤의 그늘 될까
아니 불던 바람
바람 불어 올 것인데

때 되면 이곳도
음지가 되는 법
날마다 그렇게
따뜻하기만 할까
저녁 바람에 이제 춥구나

송년의 마음

찾아오고 떠나는 해
기다림도 서운함도
나이에 얹어지고
가야 할 앞날 보다
뒷날이 짊어진다

그 삶에 보낸 세월
하나 더 얻으려
얼마나 힘들었나
청춘이 이겨낸
꿈 속에 담은 시간

이제 더 무엇을
얼마나 담을까
세월에 밀리고
시간에 쫓기던 날
이 모두 모으니
허공에 흩어진다

송년의 뜰

그래 가거라
때 되면 가야지
저 구름도 가는데

여기의 이 뜰
그 봄 돌아오면
방초들 돋아나겠지

저 앞산 기슭
그곳에는 꽃 피고
냇가의 능수버들

그 버드나무
춤 안 띄우겠나
모두 볼 수 있을지

고향의 송년

몇몇해의 고향인가
날마다 그 하늘에 그 바닷가
썰물에 밀물 들어와
작은 파도 철썩이면
구름만이 오고 가는
갈매기의 바다였지

바람이라도 불면
갯바위 씻느라
씻는 파도 다 못씻어
하얗게 부서지고
그 소라 조개껍데기는
어느 세월의 흔적인가

그랬던 고향 바다
보이는 섬이 몇개였었지
다 버리고 잃은 고향
마지막 달 끝 날 무렵이면
그리 춥고 쓸쓸했던지
돌담에 눈 내려 바람에 날리고

싸리문 앞 굴껍데기는
그 옛날의 흔적이었나
얼룩의 그 세월
누구를 기다리나
이맘때의 고향 바다
그 노을 빛에 저문다

송년의 마음

기다리지 않아도
가지마라 막아도
떠나고 찾아온 해
어디에 담아둘까

좋은 것도 아니고
싫지도 않은 마음
바라보는 가는 해
노을 따라 떠난다

새해의 뜰

그리 짧고
쉽게 가는 것을
미루나무의 새해도
앉은 까치의 알림도

새해의 새날이
밝았습니다
희망의 새해가
밝았습니다

하늘의 꿈

마음의 한 해가 떠나 갔는지
밝아온 새해가 찾아 왔는지
그저 무덤덤 찾아 오고 떠난 해
무엇이 희망이고 서운함인가
하늘을 보며 운세를 비는 마음
나에게도 이웃 같은 그런 복이 있을까
아니면은 그와 같은 불행이 찾아 올까

이 자리의 여기까지 이것 저것도 없는 팔자
나의 꿈은 늘 뜬 구름이였지 않았나
무슨 복이 있어 이 나의 작은 욕심이
큰 욕심도 아니다 누구나 갖고 있는 이 나의 작은 욕심
어디인가 있기는 있는 것 같은데
그런데도 못 찾는지 아니면 없는지
나뭇가지의 파란 하늘 다시 한 번 올려본다

산사의 밤

부는 바람 없으니
풍경 소리 안 들리네
천 년의 물 소리
얼음 속에 스며들고

이 시간의 그 천 년
누가 밝힐 촛불일까
향 불에 젖는 뜰
산사의 밤 깊어가네

그릇

세상에 놓여 있는 이 많은 것들
놓인 곳에 들리는 그 많은 소리들
다 모아 눈에 넣고 귀에 담아야 하나
무엇이 내 것이고 네 것이 될까

언제인가 나뉘고 쪼개질 것인데
나뉘면 내 것 되고 쪼개면 네 것 되나
그 시간 다가 오면 내 것 네 것도 아니것만
네 것 될 그것도 다 이 눈 귀에 들어오네

시어머니

낳아 기른 우리 엄마
가르침에 옳아도 잘못 했고
잘 못해도 잘 했다던 우리 엄마
엄마의 교훈은 사랑의 교훈이었고
시어머니의 교훈은 학교 교훈이었다
날마다 투정에 그 응석 다 받아준 우리 엄마
이제는 누가 누가 이 나의 그늘이 되어 주겠나
다 바뀌어진 운명의 길 친정 집 하늘 더 멀어진다

• 2부 •

까치의 그리움

까치의 아침 나절
쓸쓸히 외롭고
나무 꼭데기 위 두리번
먼 하늘 바라본다

구름 없는 파란 하늘
짝이라도 기다리나
아니면 작년의 둥지
그 둥지를 못 잊나

흐려진 까치의 짖음
찬 바람에 지워지고
초가의 저녁연기
한 두집씩 끊어진다

구름의 길

흐르는 너의 길
이 나의 인생과 무엇이 다를까
넘는 산 너머 어디로 가는지
너는 그저 그 산 넘으면 되련만

그렇지 못한 이 나의 길은
언덕도 많고 내리막 길도 많단다
그렇다고 건너야 할 강은 없겠니
이리 저리 부딪치며 여기에 오기를

이 마음 너를 보며 많이 달래었지
아무릴 수 없는 상처 그저 남아 있고
이 것이 인생이고 가야 할 길이더냐
다음이 없는 길 이렇게 가야 하고

이제 저무는구나 하루 한 해 인생이 저물어
남긴 것도 남을 것도 산 넘는 너와 같고
등불 없이 밤이어도 네 길 찾아 가는 너
이 나의 길은 어두워도 밝힐 등불이 없구나

겨울 하늘

맑고 파란 하늘
나뭇가지 외롭고

허공의 그 시간
바람에 춥다

눈 내리던 날

그리도 하얀 세상
내리는 함박눈이
하늘 가득 메우던 날
나는 나를 잃고 그 눈 속을 걸었지
나도 모를 마음 먼 훗날에 맡기며

얼마쯤 걸었었지
어느 길이었었고
혼자만의 나의 그 길
누구의 발자국이 나를 뒤 따를까
뒤 돌아 보는 길 아무도 없었었지

서산의 얼룩

서산 넘는 기러기
눈에서 멀어지고
노을에 젖는 하늘
이 마음 읽는다

쉼 없이 달려온 날
바라보는 노을이
오늘만 있었겠나
그 옛날 물들이니

잃어진 그날들
더 붉게 물들고
옛 생각의 노을빛
나뭇가지에 걸쳐진다

초가의 기억

맑은 날에
눈 내려도
나무지게는 산에 올라야 했었고
아궁이의 부지갱이는 그 나뭇짐을 기다렸다

아궁이의
물솥 밥솥
지는 해가 보는 굴뚝의 연기인가
모이는 허기의 식구 저녁 밥상 기다렸다

고향의 눈

그런 고향이었는데
하얀 눈 소복이
어디인들 안 쌓였을까
먼 산 허리 응달녘

저 쌓인 눈이 언제까지
집집이 처마 끝마다
길고 짧은 고드름 매달리고
장독대의 쪽제비 발자국

소나무의 눈꽃 송이
바람에 날리니
들녘의 하얀 세상
썰매 타는 아이들
모닥불에 즐거웠다

외갓집 설

애들아
나 설날 우리 외갓집 간다
울엄마가 그러는데
우리 할머니가 엿 해놓고
뻥튀기 튀겨 놓고
그러구 떡도 많이 해놓은다 했어
나 주려고 울엄마도 주고
때때옷은 울아부지가
돼지 팔면 사 준다 했어

뻥튀기 한 줌에 울고 웃던 날
먼 그날 그 설을 누가 기억 할까
부족함에 많은 식구들이라 하니
외할머니가 나만 기다렸을까
아니면 어머니를 기다렸을까
돼지 팔면 사 준다 하는 옷
많은 우리의 형제 누구를 빼놓을까
철 없는 나의 자랑 세월에 부끄럽고
돌아 보는 그 시절 부모의 마음 헤아린다

겨울 그림

모두를 모은 그날
고향의 그림을 어떻게 다 그릴까
어느것 하나 빼놓을 수 없는 그림들
무엇부터 어떻게 다 그려야 할지
흰 눈에 덮힌 고향 어느 것을 그릴까

보리 나부끼던 보리밭 그 산자락의 진달래
여름이면 뜸북새 뻐꾹새 울던 기슭
가을날은 그렇게 단풍으로 물들었고
메뚜기 참새 떼 그 들녘은 없었겠나
높은 하늘에 새털 구름 수놓았었고

떠나버린 고향의 그림
고드름 눈물에 섞이는 그날들인가
이 추운 겨울 나뭇가지 사이의 먼 하늘
겨울이어도 계절마다 그 시절 다 그려지고
초가의 굴뚝의 연기 그때 처럼 피어 오른다

새 우물

샘 적은 가뭄일까
여름 장마에 건수가 되니
몇 대째 잘 나온 샘이
벼란간 이럴 수가

아버지의 계획인가
그것이 바로 우물 파기
농사철 아닌 겨울날
우물 파는 일이었다

담 밑에 자리 잡은
아버지의 우물 파야 할 곳
몇 대째의 우물이
새로 바뀌는 겨울이다

파 내려간 우물 속
아버지의 작은 모습
나는 흙 올리고
아버지는 퍼 담고

겨우내내 팠던 우물
그 방학에 퍼 올린 흙
이제 그 우물도
세월에 무너지고

샘 아닌 수돗물
이 물을 먹어야 하나
그 우물 찾아 나서니
찾을 수가 없었다

삶의 길목

당신은 어느 길을 걸으셨습니까
지금 와 닿은 곳이 어느 곳이고요
거울 속에 감춘 그날 그날 힘들지 않으셨나요
바꾸어야 할 표정에 괴롭지 않았고요
웃음이 있던 날 웃음만 있었을까요
섞인 그것에 무엇이 있던가요

구름 같은 인생
강물 같은 세월
그 강에 떨어진 낙엽일진데
흐르는 구름이 밤 낮을 가리던가요
긴 어제 짧은 내일
바라보는 석양에 무엇이 실리던가요

그리운 초가

잃어버린 고향
잊혀진 그 세월
언제 그랬더냐
시간에 덮히고

나만이 보는 달
저 달 안의 그날들
가슴 속에 새겨진
옛날로 가고파라

친구의 그날

친구야
무엇 하다 그곳까지 왔니
그러는 나는 여기까지 오고
묻는 나에게 말 할 수 있니
너 또한 나에게 묻는다면
나는 말 할 수 있을까

너는 탓으로
나는 원망으로
너의 탓과 나의 이 원망
그 삶이 바뀌었어도
서로가 내보이며
속 이야기 할 수 있을까

친구야
길은 다른 길이었어도
끝은 다 같지 않겠니
무엇을 내보이고 감출까
흰 머리에 주름도 같지않니
이제 저물어 비교에 속지마

워낭의 겨울

하루를 알리는
첫닭 울음인가
우리 집 가까이
이웃 집 닭 먼 울음
고요히 들리고
누렁이 소의 외양간
새벽이 밝아 온다

그러는 우리들
서로 이불 당긴들
어제 저녁 군불이
새벽까지 따뜻 할까
일어나기 싫은 아침
이불 튼겨 솜 나오니
누구의 몫인가

그 해의 일기

이 양지녘의 볕이
얼마나 남았을까
음지에 부는 바람
언제 멎을 것이고

따뜻한 점심 나절
서운한 점심 나절
아침 겸 점심 겸
걸러야 할 점심인가

아침에 보리밥
저녁은 김치죽
누더기의 배고픔
양지녘에 묻히니

단몽의 그 잠깐
무엇이 보였던가
허기에 보는 먼 산
만가지 생각 멀어지고

해 기울어 잃은 별
내일 오면 있을까
지워진 점심의 양지
아궁이가 찾는다

파도의 섣달

오는 이도
가는 이도
누가 이 섬을 언제 찾을까

육지로 간 아이들도
이맘때면 오렴만
포구에 나가 보니 소금배만 뜨는구나

섣달 그믐
정월이라
그믐이 무엇이고 정월이 무엇인지

이제나 저제나
그리워 가본 포구
지친 기다림만 파도 따라 오는구나

흘러간 그날

지나 보니 모두가
꿈 같기만한 것을
하루 한 달 그날이
짧기만 하구나

철새 찾아 울던 날
그 철새의 다음이
이 오늘이었을까
얼마나 짧은가

길었다면 모두가
욕심의 것이겠지
길 많은 인생 살이
외길의 이 길목

다른 길 딛었다면
어디에 와 있을까
그 길도 오늘 처럼
저물어 가겠지

섣달의 하늘

첫 날의 섣달 하늘은 그저 그랬는데
중간쯤 지나니 마음이 울적하다
일 많은 그믐 무렵 그 많은 일 어떻게 다 하나
한편으로 좋기도 하고 근심이 되는 그믐

먹을 것 입힐 것 차례상에 음식 장만
또 뭐 있나 이불 빨래에 아이들 옷가지
지어야 할 바지 저고리에 두루마기는 없겠나
부끄럽지 않을 손님 맞이에 더 걱정이 된다

그믐 날 밤 초하루에 많은 식구들
아이들 오니 좋고 친정 다닐러 갈 생각에 좋고
시끌 버끌 온 집안이 얼마나 소란 스러울까
모지리 막내 동생 나 기다림에 잠 못 들겠지

늙은 친정에 우리 엄마는 안 그럴까
내보일 수 없는 마음 하늘이나 알런지
스쳐 가는 옛 생각에 넋 나간 마음
시어머니 알면서 모르는 척 한다

눈송이

저 차가운 파란 하늘
그리 쓸쓸 했던
나뭇가지의 허공이었는데
바람이라도 불면 더 쓸쓸히 보였고

들어 오는 눈 구름 떼
언제 파란 하늘이었나
내리는 눈 하늘 가득
이리 저리 쌓여가는 온 세상 하얀 세상

큰 송이 작은 송이
어느 곳인들 안 쌓일까
하늘 높이 빙글 빙글 내려 앉는 눈
바라보는 마음 포근히 마음에도 쌓인다

고드름의 슬픔

키 재기의 고드름
누가 더 많이 자랐나
길쭉하니 더 크게
또 하나는 짧고
크고 작은 고드름
눈물 보인다

댓돌에 흘린 눈물
저 눈물도 해 기울면
마를 것인데
양지의 볕 짧아라 저리 흘리는지
작년 봄 그 봄 오기는
아직 멀리 있는데

• 3부 •

이슬의 세월

달빛에 어린 이슬
구름 같은 마음

하루 살이의 열흘 인생
그 시간이 길었던가

귀 닫고 눈 감으니
그 시간도 하루요

열흘의 달빛도
인생과 같더라

그믐의 보람

오늘이 그믐
내일이 초하루
섣달 그믐 정월 초하루라

너희들 다 누구냐
어서 생겨났지
누가 길러 주었고

모두 모이니 좋구나
몸 성히들 잘 살고
짝 잘 만났으니 그것도 복이지

내 너희들 키우느라
그 서러움에 안 해본 것 없었지
그 세월 다 어디로갔는지

이 흰 머리에 덮힌 그날
주름살에는 무엇이 들어 있는지
내 새끼들 다 모이니 대견 하구나

그믐의 산

선달 그믐 무렵이면
산자락마다 깨끗 했고
집집이 나무광 가득히
정월에 땔 나무로 넘쳐 흘렀다

훈훈한 엄마의 부엌
아궁이의 불 뜨거워라
설날 맞이 김 서림으로
솥뚜껑 소리가 방까지 들렸다

다락의 그믐

어두컴컴한 다락방
여기 저기 쌓아둔 물건
이 물건 다 이것이 무엇인가
조상 대대로 물려 받은 물건
곧 쓰일 것 같아 쌓아둔 물건
소중하여 감춰 두었던 물건
뒤적 뒤적 이것 저것 없던 물건 보이고

명절 음식 장만에 아꼈던 곡식
콩 팥 녹두 한 귀퉁이로 찹쌀 자루
촛불로 밝혀 보니 없던 물건 다 보인다
잃고 잊은 이 물건들 그렇게 찾았는데
끄을림에 거미줄에 컴컴한 다락방 안
하나 둘씩 아꼈던 그릇에 놋그릇까지
이 물건들 써 봐야 일년이면 몇 번을 얼마나 쓸까

불효의 설

마음 굳혀 떠난 집
나 어디로 가야 하나
뒷산 길 접어들때
마지막으로 본 동네
산등성이에 올라도
우리 집 굴뚝에 연기가 없었다

그리운 동무들

잊었던 고향
고향만 잊었겠나
그래도 힘들면
하늘 올려 보았고

보이는 하늘 밑
스치는 고향 땅
이 타향에 묻은 몸
그랬어야 했는지

서러움의 타향 살이
내가 왜 그랬던가
무슨 마음으로
소식까지 끊었던지

이제 와 나 하나
웃던 이웃 어디 갔나
하나 둘 끊기는 연락
타향의 속임이었던가

뉘우침의 고향
고향 가고 싶어라
동무 찾아 그때 처럼
함께 놀고 싶어라

어머니의 설

집에 오느라 바빴을텐데
모이니 다들 좋구나
웃음도 즐거움도 아닌
몇 날 며칠 기다림에 섞인 표정
어머니의 그 표정을 누가 읽어 줄까

있는 것 없는 것 다 꺼내는
어머니의 자식 사랑
고춧가루는 없었을까
무말랭이에 애호박 말린 묶음
자루에는 찹쌀 콩 됫박이나 되는지

마루 끝에 미리 꺼내 놓고
또 뭐 있나 생각한다
그 고생 하여 지은 농사
불효 가슴에 못 박느라 그러나
그렇게 쌓아 보내야 속이 풀리는지

옛 생각에 쏟아지는 눈물
누가 볼까 나가 보니

다랑이 논 위 뽕나무 밭
하늘이 읽는 그날에 더 눈물 나고
메이는 가슴에 뻑꾹새 울음 들린다

하얀 설

먼 기억의 그 설날
때때옷에 새신 신고
떡국에 엿 뻥튀기 강정
입 벨거니 옥춘 사탕 먹던 날

눈 내린 그 하얀 설
그 설을 어찌 잊을까
이웃 세배에 용돈 얻어
필통 사고 공책도 샀었는데

새옷 자랑 하느라
친구네 집에 갔었고
또 무엇이 하얗었는지
멀기만한 코흘리게의 기억

이 모두가 하얀히
돌아 보면 무엇 하나
가슴에 묻힌 기억마다
더 하얀히 멀어져만 가는데

사랑의 마음

맹세의 그 마음
어느 바다가 읽을까
영원히 변치 않을
둘만의 그 사랑을

주어도 모자라고
더 받고 싶은 그 마음
이제야 가야 할
둘만의 길일까

이 세상 함께 가자
약속의 그 맹세
영원히 변치 않을
그 바다의 먼 훗날

기뻐도 슬퍼도
파도에 묻은 사랑
둘만의 영원한 길
하늘에 올린다

고향 집

아련한 고향 집
그때 그 나의 집
그 시간만큼이나
그리 멀리만 있는지

지금에 와 보이는
하늘 아래 고향 집
미루나무만이 아는
나 자란 초가집이었나

토담 위 호박 넝쿨
담 아래 메싹 넝쿨
지붕에 올린 박 넝쿨
삐뚤은 굴뚝 귀퉁이에

매달린 쳇바퀴
한곳에 망태기
말린 쑥 옆에 가래
쟁기도 놓여 있었고

아침 저녁이면
끼니의 그 연기
겨울 굴뚝 연기가
더 많이 더 하얗었다

세월의 일기

철새의 그날 보다
더 짧은 세월
앞 냇가에 춤 띄우는
저 버드나무가 알겠나

열흘 꽃에 숨어 떠난
철새의 다음
구름만이 뒤 따르는
철새의 그날일까

그 열흘을 모르는 인생
다음은 있는지
그렇게 가고 오는 것이
세월인 것을

꽃

꽃은 원래 아름답다
차별의 마음 그 마음이 그런 것이지

차별의 그 마음
꽃이 보는 그 마음이 사람의 마음이다

꽃은 원래 아름답다
보는 이 없어도 그렇게 아름답다

봄 마음

달력으로
느낌으로
아직은 겨울인데

짚어 보는
절기 마다
봄이 더 다가 온다

이 날일까
저 날일까
냇가의 수양버들

그 작년 봄
찾던 버들
찾아 가면 반겨 줄까

넘겨 보는
달력 뒷장
그 해 소식 전해 온다

젊은 날의 봄

하늘에 꽃구름 흘러 가던 날
즐거워 웃었고
괴로워 울었다
세월 저 건너편
그 아름다운 날이었던가

기쁨도 있었고
슬픔도 있었다
버린 날에 잃은 날
잊어야 할 날도 있었다

지나는 길 꽃 피면
발걸음 멈추었고
우는 새 소리에
귀도 기우려었다

다 모두가 떠나버린 날
이제는 무엇이
그날로 데려 갈까
거울 속 징검다리
되 돌아 딛고 싶다

정월 일기

선달 그믐 정월초
정월 초하루의 설도 아니고
남은 명절 대보름
그 보름도 아니다
그저 어중간한
정월의 하루 한 나절

추워 찾은 양지녘
쓸쓸하기만 하니
빈 집 찾아 들어가야
누가 있어 말을 하나
이제 이 보름 명절 지나면
다 지나는 정월일진데

이 정월 지나 찾는 이 월
봄 맞이에 바빠지면
무엇부터 해야 할까
남은 며칠 보름 명절
쌀독의 쌀 반쯤 내려 가고
김치광의 김치도 얼마 남지 않았다

혼자만의 길

꽃 피면 꽃 보고
찾아온 철새의
그 울음도 들었다

여기에 이렇게
남은 길도 그때 처럼
그 새울음 들릴까

눈 앞 욕심의 날
하루가 다르게
해 기울 듯 기운다

정월 보름

사나흘 후면 보름인데
무엇부터 준비 하여 이 보름을 맞이 할까
설 끝 무렵 그대로 음식은 남은 음식으로 될 것 같고
뜯어 말린 산나물에 시래기 애호박 말림
질경이 나물이 빠졌구나 질경이에 고구마 줄거리
전이나 부치고 나박김치나 담어야지

막걸리 띄울 무렵 감주나 좀 만들을까
그러면 보름 명절 그만하면 먹매는 되겠지
오곡밥에 넣을 잡곡은 다락 뒤적이면 나올 것이고
이만하면 되겠지 뭐 얼마나 더 준비 하나
마실꾼들 몇 명이나 모일까 윷 놀이는 옆 집에서 할텐데
그 집 큰 에비 인심이 좋아 사람께나 모일 것 같은데

작년 이맘때 같이 그 아이들 봉화불 놀이에 짚단 걷으러 다닐 것이고
이번 보름날 줄다리기 할려나 설 끝나자마자 에비들 모여 짚 추려 밧줄 틀던데
아래 윗 동네 사람들 얼마나 모일까 그 야단들이고
농악 놀이에 징 꽹과리 두드리며 농악 놀이도 곁들이겠지

그러면 막걸리 한 동이는 내가 낼 것인데
안주는 이웃 에미 불러 같이 만들어 내야겠구나

열 나흘 저녁에 모이는 아이들 앞 논에 얼마나 모일까
그 옆 개울가에 죽은 나무 주어다 큰 모닥불 피울 것이고
어디 그 불 장난만 할까 깡통 불 돌리다 싸움박질이나 안 할런지
계집 아이들은 밥 훔쳐다 바가지에 넣고 쓱쓱 비벼 먹을 것 같은데
내 벽에 걸린 쳇바퀴나 좀 마루에 내려놓고 터주까리에 청수나 좀 바꿔 올려야겠구나
이만큼 장만 하면 준비는 다 될 것 같은데 벌써 오늘도 해 떨어져 저녁 바람 부는구나

해당화의 그날

이 바위의 귀퉁이로 그 세월을
누가 찾아 주는 이 나의 꽃이 될까
밀물에 썰물로 보내야 하는 시간
노을에 물드는 그 시간의 기다림인가

밀물에 밀려 오는 해당화의 그리움
썰물 따라 다시 그리 멀어져야 하는지
들어와 떠나는 날마다의 먼 훗날
다음 물때 기다리며 갯벌에 잠든다

일러두기

이 늙은이
늙었으니
늙었다
괄시 마라

춤 추는 봄버들이
사철 추는 춤이더냐
저 걸린 초승달이
그대로 걸렸더냐

보는 것도 들을 것도
귀 닫고 눈 감으니
감고 닫은 것이 아니고
보는 이 속이 보이더라

초가의 그날

이 겨울 끝 자락이
언제 끊어질까
저 먼 곳의 오는 봄이
기다리고 있는데
보름 명절 열흘 후면
흐지부지 끊기겠지
그러면 앞산 응달
눈 다 녹아 내리고

버드나무는 좋겠네
버들강아지 다음 움 틔워
띄울 춤에 설레이고
봄 아이들 봄처녀
바구니 찾아 나서는 봄
사내놈들 먹을 것 찾느라
어디인들 안 찾을까
칡뿌리에 삐레기
냇둑 길 따라 산마루에 오르면
송깃도 훑을 것인데

아직 더 있어야 하는
진달래꽃 피면은
그 진달래 꽃은 안 훑어 먹을까
이제 누렁이 소 일 해야 하는 봄
겨우 내내 콩으로 콩깍지로
그렇게 먹였고 먹어 댔는데

씨앗 준비에 콩 고르는 어머니
텃밭으로 들녘으로
어디에 어느 것을 어떻게 심을까
나 굶긴다 하는 할머니의 목소리
더 크게 더 많이 담 넘어까지 들리고
이웃 봄 잔치 찾아 도우는 어머니
우리들 먹이려 먹을 것 얻어 왔다

• 4부 •

보름의 마음

만가지 근심 걱정 달 위에 올리고
친정 집 이 집 식구 소원을 빈다
몸은 시댁으로 마음은 친정으로
여기나 거기나 다 있는 걱정거리인 것을
맏이로 이 마음이 편안 할 날이 있겠나

진즉 빌어야 할 뒷전에 있는 이 나의 소원
누가 아는 그 소원이고 읽어 줄 그 마음인가
아침 나절 보았던 까치의 높은 둥지
편안이 보여도 그 곳이야말로 걱정거리가 없을까
보름달 안 친정 집 여기의 시댁과 함께 이 나의 소원을
올린다

구름의 보름

기다림의 그믐도
즐거웠던 설날도
왔다 가는 아이들에게 그 마음 빼앗기고
보름 명절 뜨는 달에 식구의 소원 없는다

도시로 간 아이
갔다가 온 아이
큰 놈 작은 놈 저 모지리 끝으로 생겨난 놈
또 하나는 그렇게 돌림병으로 그 해던가

내 너희들 기르느라
때에 그리 암자 찾아
촛불 밝혀 명을 빌고 복을 빌었는데
지금은 안 그런가 잘들 하고 사는지

네 놈들 알고나 있니
그리 속을   히더니
이제는 철 들어 에미 마음을 읽는지
때 되면 집 찾아와 에미를 돕는구나

언년이의 봄

애야 언년아
점심 무렵 냉이나 좀 캐 오렴
내 저녁 반찬 된장 찌게에 넣을 것이니
달래는 그만두고 냉이나 좀 부지런히 캐 와

다른 곳으로 가지 말고
우리 텃밭 둑에서 캐
내가 보이는 우리 밭에서
내 가끔 내다 볼 것이니

그리고 휘바람 소리 들리거든
못 들은 척 하려므나
너도 이제 다 컸으니
그 휘바람 소리가 거슬리겠지

그 작년 봄 너의 언니
어떻게 됐니 망할 것
그리 눈 마주쳐 속썩이더니
한 번 소식에 그 소식도 끊는구나

보름의 언덕

가을은 낙엽으로
겨울은 눈발으로
나뭇가지에 바람까지
얼마나 추운 겨울일까
볕 드는 듯 마는듯
쌓인 눈이 녹지 않았는데

정월 보름 이 보름 지나면
하루가 다르게 움 트일 것이고
흙에는 겨우살이
새싹 돋아나겠지
진달래꽃 봉오리
녹두알만큼 커질 것이고

그런 언덕 보름 언덕
이 이 월 끝자락에 봄바람 불면
언덕의 그곳 그곳부터 스칠 것이고
산자락의 보리밭 둑
그곳은 안 스치고 안 불어올까
울 밑 개나리가 먼저 반길 것인데

정월의 그늘

초하루에 그 보름날이
이리 쉽게 지나는지
그렇게 지나니 그믐날만 못하고
휭하니 바람만 쓸쓸 하구나

그래도 명절 끝 무렵
남은 음식에 허전함
누구라도 찾아 오면
지난 이야기 나눌텐데

이 이야기 저 이야기
푸념에 섞인 그 많은 날
고구마 묻은 이 화롯불 앞
사연의 보따리 풀고 싶다

인생의 봄

눈에 넣고 담은 소리
그것이 이제와 무슨 소용이 있나
줄어든 이 길 저 길 내일이 짧은데

얇아지는 종이 마음
마음은 안 그런가 하얗던 몸뚱이
몸뚱이도 얇아져 이렇게 됐는데

아쉬움에 보는 거울
거울에 왜 봄 가을이 들어 있던가
철새의 울음도 그 속에서 들리고

꽃띠로 짚어 보는 날
꿈 많은 나 나의 꽃도 예뻤었는데
철새의 울음도 귀에 가득 담았고

이제 다 다 부끄럽다
마음의 세월도 거울 속 이 모습도
다 모두가 그 세월의 속임인 것을

앞산의 2월

선달 그믐 정월 초면 춥기라도 하는데
쌓인 눈 없는 정월 그믐 쓸쓸하기만 하다
봄 날에 가까운 어중간한 앞 산
절기로는 우수라 겨울 속의 봄인가
트일 움 돋은 싹 이 것도 저 것도 아닌 산

수양버들 그 버드나무의 추운 양지일까
언제 봄바람에 버들강아지 보내 줄 것인가
흐르는 냇물도 앞 산의 나뭇가지도
아직은 아닌데 바람 불어 그 겨울이고
그 담 밑 울 밑의 양지 봄 소식 기다린다

빈 손

오늘 이 황혼녘
저 해 떨어지면
그 밤이 되겠지

날마다 지는 해
무엇을 덮으려
밤으로 모는지

잠들면 그대로
잠이나 재울까
오늘도 그렇게
꿈 속일 것인데

그리운 날

가물가물 멀기만한 그날들일까
아련한 기억마다 데려오면 멀어지고
다시 데려오면 그나마 희미하다
뚜렸하지는 않아도 짚어 보는 그날들

알 수 없는 그리움의 그날일까
뚜렸 하면 무엇 하고 희미 하면 무엇 하나
가느란 실가닥 되어 구름 따라 산 넘으니
끊어진 아쉬움만 눈밖 멀리 아른 댄다

찔레꽃의 석양

이 모습이 아닌데
내가 왜 이 모습이야
아니야 이 모습이 아니야

그 작년 봄 찔레꽃 필 무렵
그때도 아니였고
작년 봄 그때 그 무렵도 아니었어

찾았던 찔레꽃
그 찔레꽃에 맺힌 이슬이
이 나의 이슬만이나 했을까

아니야 이 모습이 아니야
누가 무어라 해도
나 이 나의 모습이 아니야

고향 길목

이 길도 저 아랫길도
나 어릴 적 흙 묻혔던 곳이 아닌데
힘들었던 날 드나들던
그 논과 밭도 아니고
박 넝쿨의 우리 초가는 있을까
벼락 맞은 고목 몇 그루만
고무신 띄웠던 냇가도 없어졌고

그 냇둑 길 오르며 삐레기 뽑고
찔레순 한 줌 꺾어 나누었던 곳인데
돌 들춰가며 다슬기 잡았던 곳이고
하늘만 그 하늘 구름마저 다른 고향
세월 가면 다 이런 것인지
누룽지 한 줌에 울고 웃던 날
멀리서 울엄마가 부르는 것 같구나

영혼의 밤

혼자만의 이 시간
누가 나를 찾을까
마음 정리 할 때마다
창문 흔들리는 소리

누구라도 두드렸다면
내다 볼 수 있었을까
바람의 짓인 줄 알면서
굳혀 가는 이 마음

그리 많던 지난 날이
이리 하얗게 풀어질 수가
신던 신 그 아꼈던 옷
다시 신고 입을 수 있을지

모아 보는 그 시간들
어제의 그날 내일도 아니다
굳히는 마음의 이 순간
이 넋이 지워야 할 그 시간이다

새벽의 반달

일터의 저 반달
무거운 눈꺼플 위
마중이라도 나온 듯
어찌 저리 맑을 수가
저녁 아닌 새벽 녘
별과 함께 비추는 달

일 년이면 몇 번을
얼마나 볼 수 있을까
몇 십 년을 보았어도
기억에 없고
처음 보는 것 처럼
비비는 눈에 새롭다

그렇게 반 평생을
이 시간까지 그 평생을
이 삶이 안겨 주는
그 내일의 꿈일까
밝은 반 쪽의 계수나무
새벽의 이 마음 끌어 간다

제비꽃의 노을

잊은 것이 아니라
잃어버린 것은 아닌지요
찾은 이곳 그 강 바람
아직도 그 바람 불고 있어요
내일 다시 찾아 와도
그 바람 불겠지요

시간이 버리고
세월이 잃어버린 날
버려도 남겨진 모습
세월은 그날을 다시 찾지 않겠지요
이 가슴 한 곳에 남겨진 모습
오늘도 그 바람 아직 불고 있어요

삼일절

부끄러운 역사 앞에
우리 지금 무엇하나
무엇을 하고 있나
이웃 나라 피 섞으며
우리 지금 무엇하나

가엾은 우리 독도
식민지 벗어나니
그날을 잊었나
해방의 그 기쁨에
조상의 피를 버렸나

두 번 다시 없어야 할
우리 민족의 그 상처
남과 북 마주 보며
우리 지금 무엇하나
무엇을 하고 있나

작은 그리움

마음으로 오는 이 봄
밖은 아직 아니어도
찾았던 곳 꽃 피고
그날도 아련히 가늘게 스쳐 간다

그저 무덤덤히
삶에 묻힌 그날들
누가 아는 그날인가
언제 적 시간에 아름다운 날이었고

힘들면 더 펼쳐지는
잃어버린 그 먼 옛날
잊고 싶은 그날도
이렇게 못 잊어 떠 올라야 하는지

끊겼다 이어지고
없던 기억 찾아 들고
혼자만의 이 시간
회상의 그날 황혼에 젖어 든다

냇가의 봄

한 줄기 빛 속에 찾아온 이 봄
흐르는 물가에 버드나무만 있겠나
이 나무 저 나무 아카시아나무까지
둑 한 귀퉁이에 찔레넝쿨 엉켜 있고
커다란히 아카시아나무 흐르는 물 내려본다

저 아카시아 꽃 필 무렵이면 초여름인데
그래서 그런지 겨울 늦잠에 봄 오는 줄 모르고
부지런한 버드나무만 퍼런히 물 올리고 있다
그 물만 올리고 있을까 내보이는 버들강아지
봄 볕의 버들강아지 털옷 입은 버들강아지 봄바람에 춥다

어머니의 글

섬에서 태어나 이웃 섬에 맡긴 그 운명
어머니의 그 마음을 누가 헤아릴까
학교도 못 보고 면소도(면사무소) 못 보았던 어머니
그저 썰물에 갯것밖에 더 무엇을 알고 모를까
하루의 시간도 들어오고 나가는 물때에 맞췄고
바쁘면 올려 보는 하늘의 해가 그 시간을 알려 주었다

더 바쁜 시간 맞춤에 누구네 가면 시계가 있을까
시계도 없고 볼 줄도 모르니 이웃 집 찾아 기웃거리며 물어 보았다
쯤으로 듣는 첫닭 울음의 그 시간 밀물 소리에 들려 오는 파도 소리
세월만이 아는 어머니의 지식일까
피는 꽃에 무렵으로 한 달 한 달 짚어 넘는 어머니
겨울이면 느낌의 이맘때로 뜨는 달도 그 한몫 날을 짚었다

글 모르고 셈 어두운 어머니의 그 한
누가 헤아려 주는 어머니의 마음일까
자연에서 얻은 지혜는 누가 아는 실력이고
책 보다 더 귀했던 드러난 갯벌 그리고 그 바위

연필 보다 소중 했던 굴 따는 호미꽂챙이
책 보자기와 같은 굴 바구니에 그 책만큼이나 가득 채웠던 굴이었고

날마다 듣는 파도소리 갈매기는 안 울었겠나
노래 음악과도 같은 그 소리 무덤어도 마음에 따라 다르게 듣던 어머니
자식 자람에 보람스러웠던 우리 엄마
누가 무엇을 알면 얼마나 알고 많이 배웠을까
낳아 길러 준 우리 엄마 자연에서 배운 지혜로움의 우리 엄마
한 시절 그 세월 우리들 기르느라 그렇게 희생 했다

봄 하늘

뿌연히 산 너머로 낮은 구름 들어오고
찾아온 봄 하늘 겨울 옷 벗긴다
올려 보기만 해도 추웠던 그런 하늘이었는데
이제는 언제 그랬더냐 이렇게 다를 수가
그래도 아침 저녁으로 못 떠나는 겨울
앞으로 추워야 며칠이나 더 추울까

겨우살이로 나온 새싹
버드나무의 버들강아지
조금 더 기다리면 양지녘의 달래 냉이
그런 달래 냉이 나오겠지 옛 하늘도 펼쳐지고
그때 처럼 냇가 찾아
버드나무 꺾어 호들기 불고 싶어라

봄바람

춥지도 덥지도
이러다 저녁이면
다시 추울 것인데
겨울바람은 아니어도
그때의 그 저녁 무렵
굴뚝의 저녁연기 흩어질 것이고

며칠 더 지나면
참쑥 뜯으러 갈때
그 쑥만 뜯었겠나
오는 길 무릇도 케었고
기우는 해 얼마쯤
보는 하늘 한 번 더 올려 보았겠지

서쪽의 별

초판 1쇄 발행 2023년 8월 14일

지은이 이원문

펴낸이 임병천
펴낸곳 책나무출판사
출판신고 2004년 4월 22일 (제318-00034)

주소 서울시 영등포구 신길3동 325-70 3F
전화 02-338-1228 **팩스** 0505-866-8254
홈페이지 www.booktree.info

ISBN 978-89-6339-723-8 03810